"人生学校"成立于2008年,是一个由英国知名作家阿兰·德波顿创建的文化平台,旨在通过电影、工作坊、图书、礼物以及温暖又富于支持的社群,来帮助人们过上更充实、更有意义的生活。在优兔平台已经拥有超过900万订阅者。

很多人在年轻时天真地以为校园学习就是掌握全部知识的途径,长大后才发现在学校里很多东西是学不到的,很多问题更是连思考的机会都没有。德波顿利用自己的影响力创办"人生学校",挑战传统大学教育,重新组织知识架构,令其和日常生活更贴近,让文化更好地为人们服务。

"人生学校"出版的图书都与人们日常生活中的重要问题直接相关,并相信最为棘手的问题皆因缺乏自我觉知、同理心和有效沟通而起。本次首批引进的11册,聚焦于情感议题,从如何寻找一个合适的伴侣,到如何长久地经营一段亲密关系,给出了全方位的建议。

扫码关注

我们提供知识 以应对变化的世界

人生学校·The School of Life

该有下一次约会吗

［英］阿兰·德波顿 / 主编

［英］人生学校 / 著　　张闻一 / 译

中信出版集团 | 北京

(Dating) ♡

By

The School of Life

目录

一、过去,人们如何约会 / 001

二、正确的约会心态 / 011

三、勇敢与心仪之人搭讪 / 019

四、提升魅力的小技巧 / 033

五、约会时可以谈论的话题 / 049

六、如何选择合适的约会穿搭 / 063

七、遇到糟糕的约会对象怎么办 / 073

八、初次接吻的美妙 / 087

九、当喜欢一个人时,热情有错吗 / 093

十、导致长期单身的两个原因 / 099

十一、为何频繁约会,却依然找不到合适的人 / 107

十二、不要轻率地进入一段亲密关系 / 113

十三、享受约会的乐趣 / 119

一、过去,人们如何约会

"当结束又一场沉闷乏味或模棱两可的约会后,我们完全无须为渴望指导和建议而感到自责。"

当下,人们早已习惯日常生活中的约会,但约会的历史其实很短,人们预测约会不会以目前的形式持续很久。约会有一段历史,如果我们能好好了解它,我们也许就能更好地理解约会这一活动中矛盾、混乱的方面。

我们可以选择性地追溯约会的历史,也可以期待、想象约会的未来。

1489 年 西班牙 坎波城

在英格兰和西班牙签署的一份协议中,时年仅两岁的都铎王朝王子亚瑟与阿拉贡的凯瑟琳正式订下婚约，而凯瑟琳当时也才三岁。现在看来，这似乎是个非常极端的例子，但在前现代时期，这样的订婚方式比比皆是：婚姻关系被当作家族之间的战略交易，夫妻之间的感情则完全不在考虑范围内。你可能会爱上最终和你结婚的那个人，更别说身体上的吸引了——这种想法即使不算奇怪，也会被认为极不负责任。

1761 年 荷兰 阿姆斯特丹

法国浪漫主义哲学家卢梭的小说《茱莉》出版后，成为前所未有的畅销书。小说的女主人公茱莉，年轻漂亮，贵族出身，家人希望她嫁给一个门当户对的男人，出人意料的是，她却爱上了自己的中学老师圣普罗。由于社会地位的差距，他们最终没能结婚。

卢梭站在这对相爱却没能终成眷属的情侣一边，他在这部小说里第一次表明，婚姻应当建立在爱情的基础上，与阶级、血统、家庭背景无关。但是，卢梭及其小说仍不足以颠覆当时的社会秩序，即婚姻必须依照父母之命、媒妁之言。但至少由于卢梭的这一大胆表达，人们开始意识到包办婚姻是错误的，并为此感到遗憾。

1855 年 意大利 罗马

费德里科·德·罗贝托创作的《总督一家》是19世纪意大利最有影响力的小说，其中的两位主人公卢克雷齐娅和贝内代托彼此相爱，但卢克雷齐娅的母亲以社会礼节为由，不同意他们的婚事，两个相爱的人最终也没能结婚。重要的是，这位母亲被刻画成因循守旧、思想狭隘的形象，而作者也向读者展示，由于理性而结婚的"合适"夫妻往往比那些因本能而结婚的夫妻不幸得多。这本书有着热烈的浪漫主义设想，即爱情是婚姻关系的基础，而某个人能否与我们相濡以沫、共度一生，不在于这个人是否有体面的工作、富裕的家境，而在于我们是否在这个人面前感受到了无可抗拒的身体魅力和情感吸引力。婚姻应当是一种被认可的结合，它为一种奇妙的感觉所神圣化。

1892 年 英国 伦敦

该年度大获成功的话剧《查理的姑妈》，由查理邀请姬蒂到他家做客的故事展开。查理邀请姬蒂共进午餐，但在最后一刻得知他的姑妈来不了。这引起了查理和姬蒂的恐慌，因为当时情侣约会必须有一位女性长辈陪同，以确保他们不会有过于亲密的言语或行为。查理最后想到的解决办法是，让他的一位男性朋友穿上裙子假扮他的姑妈。该剧的喜剧氛围表明，旧的约会规则正在坚定地退出历史舞台，并被认为如老处女般过时。观众也认同情侣约会时不应受干涉，并且如果进展顺利，甚至应该在最后给对方一个小小的亲吻（就像查理和姬蒂那样）。

一、过去,人们如何约会

1914 年 英国 伊斯特本

年轻的乔治·奥韦尔被发现在学校看康普顿·麦肯齐的《青春的邂逅》,因而惹上了麻烦。这是英国第一本描写无人监督的青少年约会的书。当时,约会已超越纯洁的亲吻,开始与性有关了。

1960 年 美国 华盛顿

美国食品药品监督管理局批准了第一种女性口服避孕药。这也意味着,约会可以轻松愉快地发展到性爱这一步,性爱不再只是欲望和冲动,也在实际上成为可能。

1998 年 美国 洛杉矶

一种新型的约会模式——"闪约"(快餐式约会)诞生了,同时,随着第一部以网络交友为主题的电影

《电子情书》的上映，越来越多的年轻人都觉得应当在广泛搜寻后再选择一位合适的伴侣。到目前为止，现代约会的要素都已形成：第一，父母不应干涉；第二，金钱和社会地位被认为是不浪漫、无足轻重的；第三，两个人之间强烈的吸引力是构建长期情感关系的基础；第四，性爱被认为是了解一个人的核心环节；第五，在你和现代约会情境中的典型角色——你的"真爱"修成正果之前，你可能会经历很多次约会（可能也会遇人不淑）。

2009 年 比利时 布鲁塞尔

欧盟公布的一份报告显示，欧盟国家中有50%的夫妻会在结婚十五年后离婚。尽管这份报告完全被欧洲的约会情侣忽略，但它确实引发人们思考这样一个问题——与旧式社会规矩相比，情感联结是否必然带来更美满的婚姻生活。该报告也暗示，当把双方的持续幸福当作婚姻存在的唯一理由时，我们就很有可能不幸。

未来是否会有找到伴侣的更好方式呢？约会形式又会是怎样的？

2075 年 新加坡

人工智能时代已然到来，我们对人类天性的认知已经非常精确，同时，约会在生活中渐渐消失了。有史以来第一次，机器可以完全准确地预测谁应该属于谁，它能高效地为我们找到共度一生的理想伴侣。机器可以知道谁正处于单身状态，谁有什么样的小怪癖，以及谁和谁最互补。浪漫主义时期关于约会的所有繁文缛节都不复存在，我们不必再担心自己是否遇见了对的人，我们可以信任机器的选择，就像我们信赖医生那样，机器会告诉我们何时找到了自己命中注定的人。我们的恋爱不必再靠运气和偶然的机遇，也不必再指望朋友的介绍；我们的约会不需要听从父母的意见，也不需要女性长辈的陪同；我们不需要再关注那些不可靠的财产，甚至我们的主观感受也变得不再那么重要。情侣并不总是沉浸在爱情的甜蜜中，但他们会非常满足于现状，因为他们是合适的，一切都很同步。

早在1489年的时候，亚瑟王子和凯瑟琳面对婚姻时别无选择，但是到了五百多年后的今天，人们看起来依然没有选择的余地。不同的地方在于，2075年心理机器为我们做出的选择是百分之百正确的。

人们偶尔也会怀念过去的约会形式，也会对过去那样充满偶然性、有着刺激与冲动的约会方式感到好奇。也有一些年轻人会盛装打扮，再现一次这样的传统约会，他们觉得这样也很有趣，就像现在有些人还会划船或参加中世纪骑士比武那样。

所有这些都会使我们对当代独特、复杂的约会方式产生一种谦卑的认识，因此，当结束又一场沉闷乏味或模棱两可的约会后，我们完全无须为渴望指导和建议而感到自责。

二、正确的约会心态

"约会让存在主义的丰富洞见得以体现。"

约会使我们接触一个特殊的哲学流派：存在主义。乍一看，存在主义好像很陌生，不过，正是存在主义的主要倡导者之一萨特提出的一系列思想，为我们在约会过程中可能出现的焦虑、兴奋、眩晕做出了体面的解释。

萨特曾用一句话表达了存在主义的核心概念，即"存在先于本质"。这句话看似晦涩，实则一语中的。萨特所说的"存在"是指我们在生活中可以自由选择的部分，例如住在哪个城市，做什么样的工作，如何规划自己的未来等；而"本质"指的是我们无法掌控的事情，包括生物本性、历史进程、大型政治浪潮。究竟哪个更有影响力？"存在"还是"本质"？

萨特真正想告诉我们的是，想要从僵化的思想中解放出来，应当把"存在"看得比"本质"更为重要。尽管我们有时候喜欢告诉自己，事情必须按照既定的方式发展，但实际上，每个人有着许多不同版本的自我，我们可以在很大程度上选择事情的发展方向。萨特觉得，很多时候，我们过度控制了自我身份的开放性。我们坚信自己的生活方式不可改变，也不认为自己是生活的主人。萨特认为，这是一种错觉，我们成为什么样的人，由人生中各种大大小小的选择决定。如果我们做出了不同的选择，我们的人生就会和现在大相径庭；如果我们在不可改造的"本质"上做出跟随本心的选择，我们的未来也就有可能因此改变。

令人惊讶的是，正是约会让存在主义的丰富洞见得以体现。我们在约会的时候，也许比以往任何时候都更能感受到未来的不确定性，我们很难预先安排什么事

二、正确的约会心态

情,有无尽的选择,事情都处于自由而未知的状态。

每次约会,我们都在构想一种可能的未来——即使只是非常淡然地构想。如果周三的约会进展顺利,我们就会开始幻想自己今后可能在苏格兰高地有很多亲戚,可能经常和技术部门的人打交道,可能搬几次家,可能还有一个叫哈米什或弗洛拉的孩子。又或者,如果周五的约会进展顺利,我们的生活可能就变成另外的模样:我们可能会居住在阿姆斯特丹;可能从此喜欢上戏剧文化;可能有了孩子之后,会给他起名叫玛瑞提或雷姆;我们的祖父可能是往届自行车赛冠军,祖母可能是印度尼西亚人。

一旦我们做出选择,我们的人生轨迹好像就这样确定下来了,有些"本质"我们是无法改变的,我们最终都会成家立业,我们的生活重心会围绕着咿呀学语的小玛瑞提或可爱的小弗洛拉。但是,在约会阶段,我们更接近一个宏大、直观的事实:生活没有单一的剧本。

萨特的另一个重要观点是,正确地认识自由,会不可避免地把我们带入一种极度焦虑的状态，但是这种焦虑也有益处。想要真正的自由，我们就必须自己做决定，同时，即使我们希望自己的每次决定都是明智、有远见的，我们也要接受不可能获得做出决定所需要的正确、充分的信息。我们在很大程度上是盲目的，被迫做出各种选择，理想情况下还会让神灵替我们选择。但在世俗的世界里，我们只能依靠自己去做出选择，所以焦虑成了这个不信神的时代的首要情绪。

当我们约会时，我们会思考应该选择哪个人，这段感情能维持多久，怎么判断这个人是否合适。

萨特对此的回答是，我们可能永远无法知道正确答案，但是我们探究这些问题之时，就是我们真实热烈地活着的时刻，正是这些未知与好奇构成了我们命运的流动性。

但是，我们往往会忽视对命运流动性的感知，认为自己的命运已经注定，我们别无选择。

然而，想要正确对待约会的时期，我们就应该摒弃这种想法。萨特鼓励我们去迎接约会中具有挑战和未知的一面，与不同的人约会，这样我们将不再自以为是，并体会到存在的崇高性以及令人胆战心惊却又充满惊喜的未知性。所以，焦虑并不可怕，勇敢地去迎接挑战、去选择吧！

三、勇敢与心仪之人搭讪

"犯傻并不会使我们丧失被爱的可能。"

大量关于约会的文献都侧重于探讨我们应怎样与心仪的人交流，很少有文献教我们怎么在邂逅时恰当、不失分寸地跟对方搭讪。我们是以天气作为开场白呢，还是假装问路，夸她的包好看，或是问她早午餐吃得怎样？总而言之，约会能否顺利进行都取决于我们说的话。

事实上，如果我们把重点放在"我们能对自己说什么"上，结果也许就更好。我们真正需要关注的所谓聊天话术，不是我们对另一个人说的话，而是对不确定和不自信的自我说的话。这些话术给了我们一种心理安慰，我们希望这些话术能使自己的搭讪显得合情合理、体面又不尴尬。

以下是我们心生恐惧时可以学着告诉自己的事情。

1.
我们没有做错任何事

当然,我们自身可能有很多讨厌和不足之处,我们擅长在自己身上找问题。对于自己身上最糟糕的方面以及自己犯过的错误、讲过的蠢话,我们心里一清二楚。由于自卑心理作祟,这些想法会在脑海中挥之不去,因此我们讲话结巴,行动也偷偷摸摸,害怕甚至回避任何与他人建立联系的可能性。我们感觉自己好像是可怜之人,心仪之人根本不会在意我们,更不用说想和我们聊天了。但是,显然我们有时对自己太苛刻了,我们不自觉地代入了一个残酷的完美主义者角色。事实上,这种完美主义毫无必要,我们固然有缺陷,但是人无完人。

三、勇敢与心仪之人搭讪

我们丑陋的一面、我们犯过的错误不会使我们受到排斥,而是会将我们与他人联系在一起,并让我们更渴望爱、更值得爱。我们无须苛求自己完美,别人也有我们不知道的缺陷,所以我们大可大胆地打招呼,不必因为自己的缺陷而感到恐惧。

2.
拒绝不一定是对整个人的否定

我们害怕的不仅是一个"不"字,而且是"不"这个字在我们的印象中代表的一切,即对我们全部人格的否定,让我们更加确信自己不值得被关注。拒绝不是忽视,而是证实了我们所有的自卑想法。

但事实上,我们被别人拒绝,并不一定意味着我们就完全被否定了,当然,更不代表我们让人讨厌或反感。

可能他们已经名花有主;也可能他们刚刚经历了一段刻骨铭心的失恋,需要一些独处的时间来疗伤;还可能单纯就是我们的长相不是他们喜欢的类型。我们无须

三、勇敢与心仪之人搭讪

深究原因,或者把遭到的拒绝转化为自己的苦恼。在约会中,偶然因素和不匹配性是不可避免的,所以我们不应把这种自我检讨放到约会的世界里。

3.
对方可能不像看起来那样不好接近

我们倾慕的对象通常有着独立、完整的人格，他们看上去好像没有兴趣认识新人，也不想把生活中的一块空间分给我们这样的人，他们的生活似乎已经很丰盈，在长廊上安静地看书，或是在酒吧优雅地与朋友聊天。但是，相比表面展示的样子，他们内心往往有更大的空间。

就拿我们自己来说，不管我们的生活再怎么忙碌、充实，我们仍会对新事物好奇，会对新的互动感兴趣，会被真诚和善意打动。我们心里明白，如果一个自我认知清晰并且彬彬有礼的陌生人想与我们交流，我们会很

三、勇敢与心仪之人搭讪

欢迎。这并不是因为我们有缺陷,而是因为我们通常对生活的某些方面感到不满,并且偶尔也会产生"跟其他人交往会怎样"的想法。同样地,我们倾慕的对象可能也这样想,不要觉得这是不可能的。

4.
人生本就很短

鼓起勇气尝试和别人搭话看似很可怕,但如果把这件事放到我们宽阔的生命之河中,我们因此承担的风险就根本不值一提。被拒绝没什么可怕的,我们终究会归于尘土。在有限的生命长度里,我们完全无须因为害怕这些事而犹豫不决,幸福也许就藏在每一次小小的挑战中,别让幸福在我们恐惧和犹豫时溜走。我们只需要对一件真正重要的事感到紧张,而在日常生活的其他事上保持放松的姿态。换句话说,听到对方说"我不是单身"或"我已经有约了"并不可怕,我们真正应该害怕的是直到最后自己都没有迈出那一步和说出那句"你好"。

5.
接受自己笨拙

  我们很怕自己在对方眼里显得愚蠢，但是，与其努力掩饰自己的小心翼翼，不如学会与自己和解，坦然接受自己笨拙可笑的一面，大大方方地展现真实的自我。我们本来就是普通人，偶尔说了点傻话也不要紧，这也只是再次证明人类的基本特性就是犯傻。并且我们面前的这位倾慕对象也一定做过不少可笑或奇怪的事情，虽然我们不知道具体是什么，但是他们肯定也有犯傻的时候。所以，仅仅是犯傻并不会使我们丧失被爱的可能。

6.
他们的父母也许很普通

虽然他们看上去非常完美，我们觉得他们高高在上，不敢和他们搭话。我们不自觉地就会认为，他们只会爱上跟自己一样完美的人。但是，生物学和心理学的规律或许在幕后给我们帮了大忙，我们倾向于对类似自己父母的人产生好感。而巧合的是，许多相貌出众者的父母都长相平平，他们自己美得让人惊羡，但倾向于以深深的仁慈包容我们的缺陷，也许是因为他们的父亲就身材矮小、头发略秃，或是因为他们心地善良的母亲也相貌平平。

7.
看上去众星捧月的人也会孤独

我们会不自觉地想象，对方一定有排着队的追求者。而我们觉得自己比不上那些追求者，所以选择默默地走开。讽刺的是，几乎每个人都会这么想；而更为讽刺的是，相比那些平庸的追求者，优秀的追求者反而更容易被忽视。除此之外，我们还犯了一个更大的错误，那就是我们往往会忘记，越是优秀的人，越会有痛苦、怀疑和孤独。即使有着天使般的面庞，他们也可能陷入焦虑和迷惘之中。一个人在事业上取得巨大成就，内心可能有不为人知的无尽痛苦。我们倾慕的人可能仍然需要我们的爱。

以上这些都不是我们要和对方说的，而是我们可以告诉自己的。因为我们要尝试做一件看似很难却并不可怕的事：把自己介绍给一个未来会与我们分享生活的人。

四、提升魅力的小技巧

"重要的是尽早展示自己化解问题的能力。"

约会时，我们的目标其实很简单：赢得心仪之人的好感。这一目标看似唾手可得，实际上实现它绝非轻而易举。一般来说，我们会更关注外在因素，例如穿外套好看还是不穿外套好看，什么时候应该打开餐巾纸，点什么菜等。关于外在因素的建议虽然出于好意，但与我们认知里的"魅力"不符合，因为"魅力"是一种内在、基于心理学的吸引力。

不管我们向朋友否认多少次，约会最终都是在寻找一个潜在的长期伴侣。所以约会中真正能展现一个人魅力的地方在于，其是否拥有良好的长期感情关系所需的品质。能够在菜单上挑选出一款理想的浓郁基安蒂红酒，固然会给对方留下深刻的印象，但是真正能在对方心里占据位置的，是某些细节反映我们可以在他们二十年后遭遇人生低谷时，成为他们身边坚强可靠的后盾。

　　以下是一些可以帮助我们提升魅力的做法。

1.
告诉对方我们有点不对劲

在交流的过程中,我们有时会对自己的心事轻描淡写。可能睡眠质量不好,可能忙于社交而感到疲惫不堪,可能度过了糟糕的周日晚上,可能为家庭中兄弟姐妹的关系而困扰。

关键在于,当我们展示自己脆弱的一面时,我们树立的是一种成熟、平静且有同理心的形象。我们可能确实遇到了棘手的问题,但我们仍然理智清醒,了解自己的愚蠢,也不会被它吓倒。我们已经规划好自己的生活,能够在别人遇到类似的问题时给予善意的提示,能够为所爱之人筑起坚强有力的壁垒。我们需要的伴侣也不必完美，但是他们应该能够很好地处理自己的各种缺陷，掌控自己的生活。

沉着地处理各种问题，并且以成熟的姿态平静地分析自己的不足，会让对方深感欣慰。

从长远来看，几乎所有人都会在某种程度上或在某个方面因为一些困难而抓狂。所以，真正重要的不是一个人的心理是否复杂，而是他如何应对这种复杂的心理，他是否有足够的洞察力，能否依然保持冷静和开放的心态，能否以轻松幽默的状态化解问题。

如果一个人在约会中表现出完全理智、完全正常的样子，那反而很可怕。任何二十岁以上的人自以为是地说自己"很好相处"，恰恰表明他们根本不了解自己，甚至也不了解自己与别人的关系。如果遇到这样的约会对象，继续交流也没有意义，吃完饭早点回家就好。

2.
问问对方是否也有点抓狂

在了解对方的境遇时,我们的询问应当尽量听起来轻松自然、有同理心。我们认识到自己性格上的一些缺陷之后,也应该明白,即使我们倾慕的人有很多耀眼的优点和成就,他们也有自己疯狂的一面。

约会在某些方面可能有点"坎坷",我们不必对此感到惊讶。每个人都会有难熬的经历,我们可以温柔地询问是什么让他们感到焦虑或沮丧,他们童年的不幸遭遇是什么,或者他们对什么感到后悔和羞愧。事实证明,这样做能够有效地提升我们的个人魅力,因为我们在爱情中寻找的不是那个认为我们完美无缺的人,而是那个在看到我们的缺陷后依然爱我们的人。我们希望别人看到我们真实的一面，并包容我们的缺点，而不是把我们幻想为一个根本不是我们自己的人，然后当我们犯错的时候，又因无法接受而指责我们。

3.
透露我们最近有些孤独和伤感

我们常常以为对方喜欢听我们讲自己的成功经历,觉得当我们在这个世界上表现得很成功时,我们更容易获得青睐。但事实上,真正会赢得对方好感的是,向他们坦露自己内心深处的困惑,并找到彼此的共同点。

如果爱情意味着渴望结束孤独,那么我们不愿再与孤独为伴,就必须把自己忧郁的一面隐藏起来,在别人面前伪装出一副坚强独立的模样。因此,如果我们可以在某个人面前卸下伪装,无须再假装快乐,那多么令人神往啊;他的坦率和包容给予我们感受失去和悲伤的空间,我们一定会前所未有地轻松自在。在约会中,一个自信干练的人表达自己孤独、困惑的情绪，无疑会增加他的魅力。在情感交流中，他让我们相信，爱情是两个人相互扶持、共同努力渡过难关。

4.
适时赞美对方

  我们有时会因为不知道怎么夸赞对方而感到苦恼。我们不善于夸赞别人,害怕自己语气太直接,目的性太强或显得轻浮。实际上,合适的夸赞是有技巧的,首先,它的出发点就不同。我们要明白的是,大多数人其实很难充分认识自己的优点,往往不会关注自己身上美好的品质,因此内心其实很希望听到别人对自己的夸奖,这种夸奖可以是简单、自然、有关心理支持的(尽管对自己这么说的时候,我们会觉得非常奇怪)。例如,我们也不是那么笨,我们说的一些事情很有价值,我们很幽默风趣,我们有敏锐的洞察力,我们有些品质可以让世界变得更好。

  我们总是担忧自己的不足，而忘记对方也有很多不足，我们也完全可以包容对方的缺点。因此，在约会时，我们应适当地赞美对方，大方地告知对方的吸引力所在。可不要低估人们内心深处对自己的怀疑程度。

5.
不要害怕脸红

容易害羞的人很难相信，在约会对象面前不可控制地脸红会是什么好事。尽管脸红很难受，但是一个会脸红的人往往有很多美好的品质。所以我们不必因为脸红而感到不好意思，也应该尊重并欣赏那些容易脸红的人。

容易脸红绝对不是什么缺陷，而是美德的象征。几乎可以断定的是，容易脸红的人一定是善良的人，因为只有当我们格外在意对方的想法时，我们才会脸红。我们会担心自己打扰了别人，会担心自己讲的笑话不合时宜，会担心自己夸夸其谈。我们会因为害怕撒谎被看穿而脸红，也会因为害怕心仪的对象不喜欢自己而脸红，我们不想给对方造成困扰。

换句话说，我们会脸红，是因为我们害怕让别人不舒服或者不方便，担心自己显得太过傲慢无礼。

过度的自我怀疑当然也不好，那是自卑的表现。但是，容易脸红其实是自我意识的一种表现，让我们在与别人长期交往的过程中，及时管控自己不受欢迎的方面。

6.
做一些笨拙的事情

不小心打翻水杯,把食物沾到衣服上,或者碰倒桌边的面包篮——我们觉得这简直就是灾难。但其实只要我们幽默地化解尴尬,承认自己笨手笨脚,我们就可以巧妙地扭转局势。

我们的言行向别人表明,我们所犯的错误并不重要,重要的是我们的处理方式和向周围人解释问题的能力。我们在一生中不可避免地会做很多可笑的事情,所以重要的是尽早展示自己化解问题的能力。当我们把打翻的蛋黄酱擦干净、把油画旁边沾上的提拉米苏擦去的时候,我们不慌不忙的态度可以在无形中改变不利的处境，并让对方相信，我们足够谦虚理智，不追求完美，因此能包容别人的失误。

以上这些都是我们在人生中的"试镜"，也就是约会中需要的品质。

五、约会时可以谈论的话题

"过往的感情经历是建立与维持未来感情的基石。"

一开始，我们的话题往往是近期发生的事、环境细节或工作中令人印象深刻的事等。但是，如果把约会当作对一段长期感情关系的考验，那么我们真正应该追求的是更深层次的沟通与理解。

如果对方表示自己从来没有被问过这么多心理学问题，甚至怀疑我们是实习心理咨询师，那就表明聊天话题是有效的。

以下是我们在试探对方真实自我时可以提出的问题。

1.
最近你是否因为某件事而哭泣

  我们不仅关心对方生活中顺利的部分，我们也愿意接受、倾听他们过得糟糕的部分。我们深知每个人的生活都有痛苦的一面，因此我们不会强求对方掩饰悲伤、故作轻松姿态，不会剥夺对方悲伤的权利。我们也会告诉对方是什么让我们热泪盈眶。

2.
你童年时期有哪些困难

父母的本意都是好的,但有时父母的言行会不可避免地给孩子造成伤害。我们可以用温柔的语气,委婉地了解对方的成长经历。经历会塑造我们的个性,因此我们可能变得过于敏感或过于松弛,过于物质或完全不物质,对性感到恐惧或颓废不堪。虽然我们很清楚对方并不会因为这些经历而变得特殊,但正是这些或好或坏的经历造就了现在的他们。了解对方的童年经历,是我们理解他们的行为方式和性格特点的关键。

3.
什么令你遗憾

那些我们未曾走过的路、搞砸的选择、反复斟酌的情况，很大程度上决定了我们当下的生活。揭开自己的伤疤需要很大的勇气，因为有被羞辱的风险。如果我们能够成为有耐心、有同理心的倾听者，那我们就为约会对象做了一件几乎没有人为他们做过的事——至少在专业心理治疗环境之外。在我们面前，他们可以不必完美，觉得有人愿意倾听他们深埋于内心的遗憾，从而确信遗憾是人生的常态。做一个好的倾听者，比在一家高档餐厅或屋顶酒吧约会更让人心动。

4.
如果时光可以倒流,你最想向谁道歉

　　这是一个关联性问题,主要探寻在生活的道路上跌跌撞撞所积累的负罪感。它让我们敞开心扉,诉说心事,为曾经的错误忏悔,为年轻气盛的自己赎罪。

5.
你希望别人原谅你什么

随着交流的深入,我们会渐渐了解对方性格上的弱点,但是我们不应粗暴地问对方有什么问题,而是可以委婉地询问他们是否注意到自己的某些行为方式会让别人为难,同时我们需要拿自己犯蠢的类似经历来举例。

6.
前任不理解你的哪些方面

过往的感情经历是建立与维持未来感情的基石。我们想了解对方怎样看待上一段感情,为什么它会以失败告终,以及失败的感情经历教会他们什么,而不想他们唉声叹气地活在失恋的阴影里。

7.
你有什么话最想对父母说

这个话题很可能会触及我们内心最柔软的部分。在这个世界上，我们对父母的爱和恨同样多，父母也是我们此生亏欠最多的人。在我们和父母相处的过程中，我们可能也会有一些难言的悲伤。有些话，我们不敢当面跟父母讲，怕他们担心甚至惹恼他们。这些话也许永远无法在家庭聚会中说出口，但是我们内心其实非常希望父母知晓自己的心意。

8.
在工作中有哪些地方让你觉得窝囊

我们很难对自己的工作完全满意，目前从事的工作达不到我们的期望，开始被我们认为是正常的。通常，我们会努力将自己在工作上的不顺心或无力感隐藏起来，而约会时我们打开心扉，放下戒备，把这次聊天当作应对烦恼的避风港。

在与对方交流这类话题后，我们可能就会感受到一些微妙的变化：我们有点坠入爱河。爱情逐渐发酵的这样一个过程其实并不神秘，只是我们开始了解彼此更深层次的自我，包括所有的渴望、错误、恐惧、遗憾、弱点。没有什么比这种坦诚相待更有诱惑力了。爱情在很大程度上来源于我们被接纳和被看见时的感激,以及看到另一个同样支离破碎的人放下防备、相信会被善待时的同理心。

更多关于约会话题的聊天句式

（请将以下句子补充完整或回答问题）

如果我不是那么害羞就好了，我……

如果有人真的了解我，他们会……

当我喜欢上一个人的时候，我会担心……

别人性格上有哪些优点你不具备但是觉得很有魅力？

你理想中的亲密好友是什么样的？

你的童年是否有遗憾？

你最羡慕哪个朋友？

聊天时会让你感到不快的话题是什么?

你是否在某些时候还保持童真?

你想改变自己哪一点?

你的家庭氛围如何?有哪些特殊的习惯?

你容易对什么上瘾?

你害怕别人在你背后说什么?

你目前最担心的三个事情是什么?

金钱在你的家庭中扮演了什么角色?

六、如何选择合适的约会穿搭

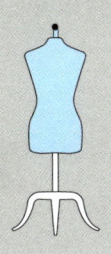

"我们可以把穿搭当作一个机会,
来展示自己亚里士多德式美德。"

我们的穿搭，在一定程度上，也是我们精心设计的自我介绍的一部分。衣品可以传达出关于我们的很多信息。因此，在约会时，穿什么、怎么穿就显得格外重要。我们想向对方传达什么信息？透过着装我们想给对方留下什么印象？

理想情况下，我们应该通过穿搭表明，我们是建立长期感情关系的合适人选。因此，我们在选择穿什么衣服之前，应该问自己，我们想向未来的伴侣展现自己身上的哪些品质。

虽然乍一听这可能会让人摸不着头脑，但其实古希腊哲学家亚里士多德为我们提供了可以借鉴的思路。他指出，大多数人的个性都有一些极端或不足的地方,而那些成熟、理智的人则拥有介于极端与不足之间的品质,他称之为美德的黄金分割点。

我们可以把穿搭当作一个机会,来展示自己亚里士多德式美德。我们可以通过穿衣打扮来表达内心的平衡,而这种穿衣风格恰好又是……

1.
奢华与简朴的结合

有些时候,"奢侈品"这个词代表着精湛的做工、极致的细节和完美的品控,但是过分追求奢侈品,也可能表明一个人太过轻浮、不够成熟。同时,简朴也是值得赞赏的品质,但是过分节衣缩食的人也会让人觉得压抑和不适。

我们真正追求并且可能已经拥有的是,在欣赏奢侈品的魅力、清醒理智地尊重经济价值和认可朴素的生活方式之间取得明智的平衡。换言之,我们应该能够在合适的价格范围内选择最佳商品。我们可以通过自己的穿着来体现这种能力,此时,有平衡美感的"黄金分割点"就存在于一件独具匠心、赏心悦目但又不昂贵的外套或一件精致优雅但又不失朴实的衣服上。

2.
俏皮与稳重的结合

穿着尽量显得成熟稳重固然很好,但是我们可能会忽略自己俏皮可爱和孩子气的一面,其实当生活面临困难时,正是性格中的这部分助我们一臂之力。穿着可以帮助我们向另一个人展示性格上的迷人组合:我们既成熟稳重,又天马行空。如果我们的服装太过理性而略显沉闷,则可以适当加一些俏皮的配饰。表达自己性格里俏皮的部分,绝不是对整体成熟个性的否认。

穿着能充分展现我们对不同场合、不同话题的态度,比如关于晚宴聚会、学校组织的家长会、假期第一天或者金融问题的看法。

3.
知性与感性的结合

我们往往会陷入一个穿搭误区：要么太过理性，显得很沉闷无趣；要么太过感性，显得很夸张。中庸之道是，如果我们的生活方式从外在来看已经很知性，那么我们可能需要刻意地标新立异，穿得时尚一点；如果我们本身就活泼开朗，那么我们可能需要选择不出挑的颜色、低调一点的款式，例如西装套装、制服等，表明我们理性务实。在这两种情况下，知性和感性的方面都会得以体现，同时对方也能了解我们性格中很多重要的特征。

4.
传统与创新的结合

虽然循规蹈矩听起来很无聊,但是这也说明我们能够理解和欣赏大众的审美(循规蹈矩就是指与多数人的观点保持一致)。不过,对方也会很高兴看到我们有时能够抛开多数人的看法,表达自己的个性和价值观。通过明智地选择衣服并进行搭配,可以向对方传递我们身上的平衡点:我们既不会因为害怕被认为标新立异而掩饰自己个性中有趣的部分,也不会因为担心自己的个性被忽视而故意与传统标准背道而驰。

七、遇到糟糕的约会对象怎么办

"人类有时候真的非常奇怪。"

约会让我们遇到形形色色的人，相比之下有伴侣时遇到的人则少得多。约会让我们见识人性的多面，在经历多次约会后，我们会清醒地得出结论——人类有时候真的非常奇怪。我们接触的人看上去好像靠谱，和我们的朋友、同事没什么两样，但可能在约会时暴露平时看不出的一些问题。即使我们的约会对象变成这样，我们也并非不够幸运，我们得接受人类的本质就是会出错。如果我们要继续约会，我们就必须保持开放的心态和一定的幽默感，学着接受一个事实，即我们偶尔不得不经受一些折磨人的心理考验。与其抱怨我们经历的约会有多么糟糕，不如抱着好奇心去了解人性的缺陷，甚至试着对此表示共情。

1.
夸夸其谈者

这种人总是会想尽办法让你知道和他有关的光荣事迹。例如，他的叔叔曾经为女王工作过，他出差时住过汤姆·克鲁斯曾经住过的酒店，他最近和银行家之子坐了同一班飞机，等等。他们甚至意识不到自己在吹嘘炫耀，这当然让人非常反感，但是我们可以思考一下他们这么做的原因。

他们似乎是因为太自负，所以才会夸夸其谈、哗众取宠，但事实并非如此。他们喜欢在人前显摆，只是因为经常被忽视而已。他们之所以急于想要证明自己的重要性，是因为他们内心深处并不认可自己，如果不反复强调自己的重要性，他们就会觉得自己不被别人看好。因此这类人不想听到别人的建议，他们内心其实自卑，他们需要借助外在的鼓励才能真正认同自己的优点，从而不再试图通过依赖别人的重要性来证明自己。

2.
乐天派

这类人在约会中其实很常见，他们并不是真正地快乐。外部因素决定不可能所有事情都很美好，他们选择只关注好的一面而忽视不好的一面，他们无法接受太过现实的事情。

我们不能肯定地说他们是在逃避某种威胁，但可以确定的是，他们过去的经历使其无法正视生活中的消极面。也许他们的父母脾气暴躁，只要事情发展得不如人意，就会暴跳如雷；也许他们的父母性格压抑，只要有一点不顺利，就会彻底绝望。为了适应这样的家庭环境，他们形成了一种自我保护机制，即只关注生活中的积极面。这会使得约会过程变得很难熬，我们会发现现实世界和我们生活中的很多事他们接受不了，但我们还是会对他们曾经的经历深表同情。

3.
故作姿态者

这类人会不停地谈论看过的书以及了解的科学研究、哲学理论、政府政策、科技成果等。他们好为人师，好像这样才显得特别聪明。虽然我们无法明确他们这么做的原因，但可以想象到，如果我们简单直接地批评他们根本就是不懂装懂、无知且可笑，他们就会觉得被羞辱。他们小时候可能因为无知而被责骂，装作有学问的样子就成了他们的保护色，他们利用这些知识和理论来掩饰自己过往的经历。他们把真实的自我埋藏在浩如烟海的知识中，我们也想多了解一点他们，但是他们可能由于创伤太深，只知道一个劲儿地谈论《纽约书评》《新英格兰医学杂志》上面的最新文章。

4.
不爱思考的固执己见者

我们在约会中还会遇到一些完全不相信心理学的人,他们坚持认为自己非常单纯,而心理学理论就是无稽之谈。也许是为了掩饰自身的缺陷,他们相信自己的常识,并声称不动脑也是一种智慧。他们看不起那些探究人性的理论并对其冷嘲热讽,他们认为这种对人性特点的审视非常奇怪和夸张,并且揭开自己内心的真实面目也不会有什么好结果,可能令人反感。

5.
高谈阔论者

约会次数越多，遇到这种人的概率越大，我们很可能在约会的整个晚上都要听他们喋喋不休地讲无聊的事情。这类人往往在某一方面有偏执的倾向：他们可能会揪住语法问题不放，他们可能会对当下资本主义的掠夺性表示担忧或是对环保主义运动者的批评感到反感，他们可能还会反对女权主义或是认为厌女是很普遍的现象。这类人提出的观点本身可能也不完全错误，他们也会提出一些好观点，但让我们感到不适的是他们激进和无理的态度。我们之所以会觉得他们无聊，是因为他们对我们也很不真诚。他们固然为这些事情愤懑不平，但真正让他们这么激动的原因并不在此。从他们的解释中，我们能听出他们的激进来自其论点之外的东西。他们所强调的事情可能是一系列非个人且严肃的政治、经济、社会话题，但是我们能感受到，他们一定带有个人情绪，而他们并不想让我们发现这一点。

当他们在情绪激动地发表这些观点时，我们并不是不想听，而是不想听他们大谈特谈社会文化、经济等抽象概念，我们更想听他们内心的真实想法。我们这样想并不仅仅出于好奇，而且因为我们约会就是希望了解对方的真实生活。但是这类人把真实的自我隐藏了起来，所以我们会感到无聊至极和不耐烦。

6.
冷若冰霜者

从表面上看,和冷酷的人约会很有意思。他们似乎不会对约会表现出多么兴奋或是喜出望外。他们不会为了这次见面而精心准备,也只会简简单单地介绍一下自己。即使房子着火了,他们也不会尖叫着给消防队打电话,而是调侃一句"气温上升了",然后冷静地把火扑灭。即使服务员不小心把鸡尾酒泼到他们衣服上,他们也不会惊慌失措,而是若无其事地脱下外套,他们不穿外套甚至显得更帅气了。

但是,冷酷的人也有乏味压抑的一面,因为在这样一个冷静坚强的人身边,我们永远无法表达自己的脆弱。他们怎么会理解我们的恐惧或兴奋？他们给我们的印象是，我们不可以在他们面前表现得太过热情，我们会担心他们觉得我们幼稚或敏感，然后拒绝我们。也许由于一些原因，他们不得不很早就成熟起来，他们会害怕自己在某个关键时刻违背"时髦"群体愤世嫉俗的观点。他们其实很缺失安全感，如果他们听了"不那么潮"的音乐或是说了一些愚蠢、感人、孩子气的话，他们就会担心自己不再有趣、不再被爱。所以和这类人约会，我们很难表达很多感情。

八、初次接吻的美妙

"我接受你了。"

两个人在一起能做的最奇妙的事情，无疑是实现约会的最高成就。当话至七分，在浅笑嫣然与眼眸婉转之间，你们就这样陷入爱情的旋涡。在意乱情迷中，你紧紧依偎在他的身边，微微侧过头，能感受到他嘴唇微张，柔软的双唇触碰间，他舌尖的薄荷味从你的齿间滑过。此刻，你忘记了享用美食，也不再滔滔不绝，只全心全意地沉浸于双唇交织的快感中。我们在说话时，舌头会前后移动从而振动发声，同样，用餐时，我们也会灵活地用舌头把土豆泥或西蓝花推到上颚后部，味蕾也在舌头的反复移动中得到满足。而奇妙的是，接吻时唇部的运动和说话、进食时非常类似。可以想象，如果有开普勒行星上的外星人到访地球，他们一定会对接吻感到讶异。我们大概需要努力地跟他们解释，我们接吻并不是要把对方的脸颊咬下一块或是往对方口腔里呼气，而是表达爱意。

为什么接吻这么重要，这么令人心潮澎湃？为什么一次成功的约会要以接吻结束？究其本质原因，是心理因素在作祟。在接吻时，并不是我们的唇部运动有什么特别，而是我们脑海中想象的事情让这个过程变得甜蜜。

接吻的快感来自打破社会规范的一种潜意识。在那样一个社会中，男女之间有明显的边界，太过亲密的肢体接触是禁止的，但也有特别的意义。因此，第一次与另一个人打破这种边界，将成为你铭记一生的记忆。接吻的意义建立在社会共识的基础上，其基本含义是：我接受你了，即使有些事情可能让人反感，我也愿意和你一起做。

嘴唇和口腔是非常隐私的身体部位，通常情况下，

八、初次接吻的美妙

如果有个陌生人把嘴凑到你的脸上,你会觉得非常恶心。而如果你默许对方这么做,那就说明你已经从内心接受了对方。

人总是会有强烈的羞耻感,接吻可以帮我们慢慢消除这种感觉。当你允许另一个人见证、支持和包容你身体的秘密性时,你可以获得一种解脱的快乐,感受到情欲带来的兴奋和冲动。

人们普遍认为性感在本质上一定是赤裸和露骨的,因此最性感的场景也一定包含最大程度的裸露。但事实并非如此,性感的核心是,你以为对方没有在生活中给你留下空间时,却被允许进入对方的生活。正是这种禁止和接受之间的落差造就了性感,它是一种让人宽慰的释然,也是对被接纳的感激。

而这种感受不一定是在你获得对方完全的许可时才最强烈,反而是在你小心翼翼地站在边界线试探对方的态度却得到许可时,你的感激、兴奋会达到巅峰。这时你们还处于确立恋爱关系的前期,关于禁止和对方亲密接触的印象还很深刻。你如履薄冰，害怕因为越界的行为而被对方拒绝，因此当对方接纳你的时候，你不禁欣喜若狂。

而随着恋爱关系的发展，你们逐步亲近，一方不再会那么轻易地因为另一方的行为而感到幸福。即使对方不穿衣服在房间里走来走去，你也不会觉得有什么奇怪的。这时，你们需要尝试情侣之间的一些小游戏来保持新鲜感，记得多欣赏一下你们的亲密关系。如果可以，你们其实不必急于脱掉衣服、直奔主题。你们可以设计一个场景，约定只能一个人把另一个人压在身下，而不可以有多余的抚摸或是更进一步的行为，就像你们刚开始谈恋爱那样，这种互相拉扯、试探的过程可以增加恋爱的情趣。

类似的小游戏可以让我们重温最初的美好，追忆小心翼翼地捅破窗户纸时的懵懂情愫。如果约会进展顺利，我们当然还会体验到比初吻那晚更多的性爱，但是只有初吻带来的悸动会成为我们心中永远的白月光。

九、当喜欢一个人时,热情有错吗

"对伴侣的狂热依赖才是问题所在。"

约会的一个悖论就是，如果我们在约会时过早地表现出热情，反而会引起对方的反感。例如，在约会的第二天就给对方打电话，或者公开对着身边的朋友夸奖对方，抑或是急于和对方约定再次见面的时间，会让对方觉得我们好像很好拿捏，从而使我们在约会中处于劣势地位。

为了避免这种情况发生，朋友往往会劝我们在约会初期保持高冷的形象。于是，我们故意不给对方打电话、发短信，小心翼翼地假装自己漫不经心，或者根本不在意是否还有下次见面。我们认为，只有故意装作不在乎才能引起对方的注意，但是在这个过程中，我们浪费了很多时间，很可能因此错失自己真正喜欢的人，对方也因为我们隐藏内心的想法而看不到真实的我们。喜欢一个人，想要把握和他交往的机会，本不应该是羞耻的。

我们可以通过探究"表现得迫切导致对方反感"这一理论背后的逻辑，来破解这个难题。为什么大家建议在约会初期我们与对方保持距离？为什么我们不应该过早地给对方打电话？

一般来说，不建议表现出高度热情的一个核心原因是，高度热情有可能是心理疾病的表现，可能伴随躁狂依赖症。换句话说，太早给对方打电话是软弱、绝望和无法独自面对生活挑战的象征。这类人不在意和谁谈恋爱，只是太害怕孤独，需要一个伴侣，至于具体是什么样的人并不重要。

我们应当注意到，在这种情况下，真正的问题是过度甚至躁狂性地依赖对方，而热情本身并没有什么错。

九、当喜欢一个人时，热情有错吗

文化叙事把这两个因素联系在一起，导致我们根深蒂固地误认为热情就等于躁狂依赖。但是，从逻辑上来说，这两个因素应该可以分开，我们有能力在表达热情的同时，不过分依赖他人，我们可以选择做一个热忱且理智的人。

这种能力来源于一种鲜为人知的情感艺术，即强烈的脆弱性。虽然我们很少谈论或求助它，但极度脆弱的人往往堪称情感外交家。一方面，他可以谨慎地将自信和独立结合起来；另一方面，他也可以做到有亲和力、诚实和善于表达自己。他知道如何恰到好处地承认自己的渺小，即使在表达自己的迷茫时，他也仍然没有失去掌控力。他可以非常成熟冷静地谈论自己孩子气的一面，也可以大方承认自己的恐惧，同时表现出无惧困难的勇气。他可以直言不讳地表达对我们的倾慕，但同时也会让我们知道，如果我们拒绝了他的告白，他也会坦然接受。他会让我们感受到，他希望和我们共同创造生活，但是如果我们不乐意，他也可以很快进入正常的生活轨道。

当极度脆弱的人像这样表达对我们的好感时,我们感受到的是兼具坦率和独立的人格魅力。他们不需要在喜欢一个人的时候故作镇定,因为他们避开了与"过度依赖"联系在一起的传统方式,表现出的是正向热情。

令人反感的从来都不是有人喜欢我们,而是他似乎除了我们就别无选择,这种"没有我们就无法生存"的依赖性才最可怕。热情本身没有错,对伴侣的狂热依赖才是问题所在。只要把握这一点区别,我们就能学会向自己喜欢的人表达心意,大胆地说我们觉得他很特别,期待下次见面,多早都没关系,哪怕就定在这次约会的第二天晚上也没问题。同时我们也要让他明白,即使被拒绝,我们也可以有很好的去处。

十、导致长期单身的两个原因

"导致一个人单身的原因往往出在自身,
　而非其生活的这个世界。"

对于一个人长期单身的普遍解释，往往都围绕着外部因素机械地展开。例如，可能是因为他搬到了一个陌生的大城市，没有相识邀请他去参加聚会；或是由于工作的原因，他经常要在新加坡和国内往返办公，几乎没有时间社交；又或是他住在人口稀少的偏远山村里，交通不便利；等等。

　　这些理由固然充分可信，但当问题持续很长一段时间后，这些理由就不再那么有说服力了。虽然我没有冒犯的意思，但这种情况下他需要寻求的是心理层面的原因，而不是程序上死板的解释。导致一个人单身的原因往往出在自身，而非其生活的这个世界。探究他的内心时，我们会发现深藏的两个重要问题：一个是过度的自我憎恶，另一个则是过度的自爱。

相比之下，自我憎恶更加悲惨。当我们和另一个人开始交往时，无论对方最初多么玉树临风和才华横溢，但逐渐地，我们会不可避免地陷入自我怀疑——怀疑他是不是太天真、太绝望或太软弱，才会看上我们。当我们对自己的外貌和能力信心不足时，我们会觉得自己配不上对方的关注。我们这种自卑心理同样会给对方造成负面影响。爱就像一份礼物，不是我们挣来的，也不配拥有，因此最终必须小心翼翼地将其丢弃。在自我憎恶的压力之下，我们会指责对方的天真，我们觉得是他们对我们判断有误，才会喜欢我们。他们没有看到我们那些不好的部分，只是一时盲目地喜欢我们而已。我们知道自己的缺陷迟早会暴露，在被抛弃之前赶紧逃离这段关系，才更明智。

最终，我们又恢复了单身状态，尽管我们渴望亲密关系，但我们从心底里不相信有人能看到我们真实的样子、接受我们的全部并全心全意地爱我们。他们给我们礼物、短信或拥抱时，我们甚至都会反感，觉得这是对方缺爱的表现。我们会厌恶他们对我们的需要，因为我们觉得自己不够完美，不值得被对方需要，我们内心深处不认为自己是值得对方依赖的人。

这些内心戏就像阴霾一样笼罩着我们千疮百孔的心灵，可事实上，在我们混乱的思维之外的世界里，我们害怕的事情并不真实存在。那些向我们表达好感的人，当然不是一时糊涂，他们肯定看到了我们真实的样子，也知道我们身上有不那么精彩的部分，只是他们并不认为这些是什么致命的缺陷。他们是发自真心地认可我们，他们明白每个人都不完美，这些缺陷不会成为这段关系发展的障碍。他们也知道我们不完全像我们描述的那样美好，我们有一些无伤大雅的小毛病。我们可能有时笨手笨脚，有时有点奇奇怪怪，但这不会让他们觉得讨厌。所以不是他们想得太天真，而是我们的想法太幼稚。他们知道每个人都有阴暗面，他们可以与自己的阴暗面和平相处（或许是由于幸福的童年），同时希望我们能够以平和的心态面对和接受自己的阴暗面。早在遇见我们之前，他们就明白一个人哪怕很普通、很平凡，也值得被好好珍惜。

另一种极端是过度的自爱。这实际上意味着无法坚定地承认自己性格中棘手的部分。因此，当任何一个有着优点和缺点的普通人向我们表达好感时，我们应该心存感激。

也许是由于父母的宠爱和情有可原的偏见，我们会有些恃宠而骄地认为，喜欢我们的人应该为此感到庆幸。单身太久之后，我们可能忘记了自己奇奇怪怪、吹毛求疵和略有强迫症的那一面。

由于没有人给我们反馈，我们忘记了对愤怒、焦虑和报复性心情给予应有的重视，同时，我们又像一个失去想象力的孤独旅行者。这种想象力指的是能够带着鲜活的能量、同理心和好奇心去观察另一个人的外貌和个性，并努力欣赏其中有吸引力的地方。

这种想象力要求我们对那些不太显而易见的部分保持敏感，如果仅仅是扫过表面去探知另一个人的内在价值，我们当然很容易下否定结论（而这也不会有什么好处）。为了重新激活沉睡的想象力，我们可以试着多观察周围那些形形色色的面孔——无论是走在大街上，还是在通勤的地铁上——特别是那些看上去不太出众的面孔，然后尝试在他们身上发现闪光点。一个人总会有优点，我们曾经都是值得被爱的孩子，我们的灵魂深处都有值得被关注和被欣赏的部分。

训练这种想象力不是妥协的表现，而是爱的关键。我们需要对彼此抱有想象力，才能够无条件地接受和包容彼此。

通过富有想象力的思考，我们并没有违背爱情的宏大目标，而是在探索爱情的内核。总会有一些实际层面的原因导致我们很难找到合适的伴侣，当我们已经很努力地提高自爱的水平、减弱自我憎恶的破坏时，即使我们没有很多机会参加聚会，或者由于住所附近的交通问题而很少出门社交，也不一定会长期困在缺乏亲密关系的独身生活里。

十一、为何频繁约会,却依然找不到合适的人

"我们在另一个人身上发现的品质，
 很大程度上取决于我们的好奇心和想象力。"

通常我们期待通过约会来认识新人，进而在未来与之建立长期的一夫一妻制关系。可以说，我们约会的最终目的是找到共度余生的人，从此不再需要约会。

可是，有时我们仿佛陷入了约会的循环中，我们可能前前后后见了几十个人，可能这些人身上也有我们能接受的部分，我们却没有遇到一个符合我们所有想象的人，因而不得不继续下一次约会。

浪漫主义对此提供的解释是，我们会不停地约会，只是因为我们还没有找到那个对的人，那个真正值得我们托付终身的伴侣还没有出现。

但我们也可以换一个角度来思考，究竟什么样的人足够优秀且值得我们去爱？我们可以借鉴19世纪法国著名画家塞尚的方法来进行一些发散性思考，这个方法可能显得有些笨拙，效率也不高，但可能有益。塞尚在生命的最后十年里一直致力于苹果的静物画，这些画作被认为是最伟大的现代艺术杰作。我们通常不会讨厌苹果的外观，也不会觉得苹果有异域风情或其他值得欣赏之处。塞尚却与众不同，他花了数年时间，仔细观察各种各样的苹果，并用充满奇迹的球体去表现每一个苹果。他关注不同苹果在颜色上的细微差别，例如有的苹果轻微泛黄，有的苹果可能某一面色泽特别红润。他会注意到苹果外皮上的一切细节，包括压痕、凹痕、弧形表面的光影和茎、叶的精确角度。苹果在我们看来再普通不过，塞尚却能够依靠自己独立细致的观察进行创作，赋予每个苹果丰富的个体特征。

塞尚在苹果绘画上取得的成就，可以用于解决"经历多次约会却仍然没找到满意的人"这一困境，因为这

十一、为何频繁约会,却依然找不到合适的人

塞尚,《桌上的苹果》,1895—1900

两种情况都需要以丰富的想象力来审视世界。我们在另一个人身上发现的品质,很大程度上取决于我们的好奇心和想象力。在习以为常的眼光下,可能我们遇到的每个人都是乏味、平庸、有缺陷的,很容易就被持续追寻真爱与辉煌的我们忽略。但如果我们换一种心态,试着更敏锐地去观察别人,可能许多所谓的普通人其实是有着巨大价值和魅力的宝藏——他们值得我们去爱。一个人之所以特别,不是因为在客观、固定的角度下他是谁,而是因为我们与他在主观上建立了情感联系。

至于究竟要约会多少次才能遇到理想中那个特别的人，或许不仅在于等待，也在于能否从每个擦肩而过的人身上看到珍贵和值得被爱的东西。

我们一直在约会，不是因为我们从来没有遇到一个值得被爱的人，而是因为我们还没有真正学会欣赏别人。我们往往只注意到最表面的事情，而忽略了藏于表面之下的那些美好品质。我们可能没有发觉，约会对象对自己的兄弟姐妹特别好，或者他们的父母虽然很难相处，但他们多年来都尽力与父母保持和谐。我们可能没有发现，其实他们在工作中有很强的冲突处理能力，或者很擅长和孩子相处。他们可能善于处理挫折，或是能够为了心中的长远目标脚踏实地、坚持不懈地努力。只是这些品质不那么轻易被我们看到而已。

因此，我们可能已经在约会中遇到了很多值得被爱的人，但只是快速、简短地一瞥而没有注意到这个机会。就像塞尚对苹果进行细致入微的观察之前，许多人都没有注意到苹果的独特之处。

十二、不要轻率地进入一段亲密关系

"不要急于做出选择。"

想理智地选择爱人，最重要的原则之一就是不要急于做出选择。想要拥有一段令人满意的感情关系，前提是我们能够和单身的自己相处。如果我们迫切地想要摆脱单身状态，那么我们就无法做出明智的选择。我们只有保证自己的精神世界足够充盈，能够平静自洽地度过单身时光，才有机会展开一段良好的感情关系。否则，我们爱的只是不再单身的状态，而不是那个让我们免于单身的伴侣。

不幸的是，当我们到了一定年龄，社会环境免不了会让我们感到单身生活的不自在。集体生活渐渐消失了，那些已婚人士通常很少再邀请他们的单身朋友来家里做客，因为他们害怕联想到自己因为家庭生活而错过的某些东西。尽管当下科技先进，但是平衡友情和爱情仍然是棘手的问题。我们害怕单身，因此当一个勉强合适的人出现时，我们会不惜一切代价，像抓住救命稻草那样把握这个可能让我们摆脱单身的机会。

当性行为只能在婚姻中发生时，人们意识到这会导致一部分人由于错误的原因而结婚，即为了获得在社会中被人为限制的东西。现代社会追求性解放，是为了让人们在决定和谁在一起时保持清醒冷静的头脑。但这一过程只完成了一半，只有当我们在单身状态下也能够拥有足够的安全感和成就感，并且不渴望有另一半来温暖自己时，才为下一段关系的开启做好了准备。是时候让"陪伴"摆脱婚姻关系的桎梏，一旦它普及和容易获得，一个人也可以过上圆满充实的生活。

同时，我们要尽力平静地接受长期单身的情况，只

十二、不要轻率地进入一段亲密关系

有当我们本身足够好时,我们才会因为一个人身上真正的优点而决定与其走到一起。

尽管约会有些困难,但这是我们为避免陷入一段失败的婚姻而默默付出的代价。

十三、享受约会的乐趣

"我们完全可以继续寻找人生伴侣,同时享受每次约会带来的真正乐趣。"

我们约会通常是希望很快能找到对的人,从而不必再有下一次约会。如果足够幸运,每一次新的约会都可能成为最后一次约会。我们也终于能够告别那些紧张、委屈、失望和无聊的情绪,庆幸自己找到了那个能够携手共度余生的人,然后和对方一起建立家庭、养育子女。这一次天意般的约会可能注定,我们会和眼前的人彼此扶持,度过漫长的人生,在三十五年后带着皱纹和笑容一起迎接孙辈的到来。

但是,当我们找到了那个定心人,并且不再经历新的约会时,奇怪的事发生了。在长期感情关系维系的几十年里，我们可能会带着些许温柔和伤感怀念曾经四处约会的时光。

　　当然，那些约会的经历并不都是愉快的。有时我们感到落寞和被羞辱。有时我们非常中意的约会对象却再也没有打电话过来。有时约会的晚上因为彼此品位不同而变得非常难熬。还有时约会对象简直是奇葩。

　　但是那些约会岁月也有不少乐趣和刺激。我们生活的世界充满了无限的可能性，任何一天都可能让我们的感情发生天翻地覆的变化。我们与各种各样的人性对峙，这些特质概括了人类的古怪。在约会的两三个小时或接下来的几天里，我们得以透过另一个人的眼睛来感知世界。我们可能会随他们去一个我们未曾发现的地方。我们可能会以一种新奇的方式度过一个晚上或体验一次特别的早餐。他们可能会和我们谈及很多我们不熟悉的事情，诸如巴拉圭的银行法、有机农业的原理、父母在政府工作时孩子是什么感觉以及有家人曾经违法犯罪是什么样的遭遇等。我们从约会对象那里看到人生百

十三、享受约会的乐趣

态。我们可能还会有很多奇怪的性爱经历,例如我们可能某天早上在城市陌生角落的一个公寓里醒来,在装饰诡异的浴室里洗澡,然后听对方抱怨烦人的亲戚。由于和不同约会对象的生活有了交集,我们仿佛也有机会以一种全新的角度来体验不同的生活。

而讽刺的是,当时我们并没有意识到这一点,我们只沉浸在屡次失败的约会带来的痛苦之中,而没有发现其实我们也有成功的地方。虽然我们还没遇到那个对的人,但是我们的生活是开放和真实的;我们没能选到另一半,这给我们不确定的生活增添了色彩和真实性。也许,最终我们做出了一个很好的选择,但某种意义上我们可能也失去了一些未知的有趣部分。

我们希望在约会时找到真爱,从而不必再疲于认识新人,这是很正常的心理。但我们也不应该忽视和痛苦并存的那些乐趣,我们完全可以继续寻找人生伴侣,同时享受每次约会带来的真正乐趣。

图书在版编目（CIP）数据

该有下一次约会吗 / 英国人生学校著；张闻一译.
北京：中信出版社，2024.12. --（人生学校）.
ISBN 978-7-5217-7076-6

Ⅰ . C913.13-49
中国国家版本馆CIP数据核字第2024QK3088号

DATING
Copyright © 2019 by The School of Life
Simplified Chinese translation copyright © 2024 by CITIC Press Corporation
ALL RIGHTS RESERVED
本书仅限中国大陆地区发行销售

该有下一次约会吗
主编：　　[英]阿兰·德波顿
著者：　　[英]人生学校
译者：　　张闻一
出版发行：中信出版集团股份有限公司
　　　　　（北京市朝阳区东三环北路27号嘉铭中心　邮编　100020）
承印者：　嘉业印刷（天津）有限公司

开本：787mm×1092mm 1/32　　印张：4　　字数：60千字
版次：2024年12月第1版　　　　印次：2024年12月第1次印刷
京权图字：01-2024-5547　　　　书号：ISBN 978-7-5217-7076-6
定价：39.00元

版权所有·侵权必究
如有印刷、装订问题，本公司负责调换。
服务热线：400-600-8099
投稿邮箱：author@citicpub.com

"人生学校"系列

— 已出版 —

《该有下一次约会吗》
《还会找到真爱吗》
《真的真的准备好结婚了吗》

— 待出版 —

Arguments
Heartbreak
Affairs
Stay or Leave
The Couple's Workbook
Why You Will Marry the Wrong Person
The Sorrows of Love
How to Think More About Sex

图书策划　中信出版·24小时工作室
总策划　曹萌瑶
策划编辑　蒲晓天　杨思艺
责任编辑　谢若冰
营销编辑　生活美学营销组
装帧设计　APT

出版发行　中信出版集团股份有限公司
服务热线：400-600-8099　网上订购：zxcbs.tmall.com
官方微博：weibo.com/citicpub　官方微信：中信出版集团
官方网站：www.press.citic